Backhäusle

Vehling Verlag
Berlin • Werl i.W. • Basel • Graz

top

Grusswort

Seit jeher begleitet die Advents- und Weihnachtszeit ein besonderer Duft von Gewürzen und frisch gebackenen Plätzchen.
Die Advents-Muffins sind zu den herkömmlichen Plätzchen eine feine Ergänzung in Geschmack und Form. Auf dem Gebäckteller sind sie für Kinder und Erwachsene eine echte Attraktion.

Im Gegensatz zu allen herkömmlichen Kleingebäcken lassen sich Muffins mit sehr geringem Zeitaufwand zubereiten und verzieren. Trotzdem haben sie den Charme des Selbstgebackenen und den Geruch und Geschmack der Adventszeit.

Somit ist dieses Buch auch ein ideales Geschenk zum Adventskaffee oder zu Weihnachtsfest - immer eine gute Geschenksidee.

Eine gesegnete Weihnachtszeit mit mehr Zeit und viel Genuss wünscht Ihnen und Ihrer Familie

Hanna Renz

einfach!

Verwenden Sie Ihre Lieblingsmarmelade

Zutaten:

200 g Mehl Typ 405
100 g gemahlene Walnüsse
1 1/2 TL Backpulver
1/2 TL Natron

1 Ei
120 g brauner Zucker
1 Päckchen Vanillezucker
80 ml Öl
250 ml Buttermilch
2 EL Rum
Für die Backform
Fett oder 12 Papierbackförmchen

Zum Verzieren
150 g rote Marmelade
50 g Puderzucker

1 Den Backofen auf 180° (Umluft 160°) vorheizen. Das Muffins-Backblech einfetten oder mit Papierbackförmchen auslegen.

2 Mehl mit Walnüssen, Backpulver und Natron sorgfältig vermischen.

AUSSTECHER-Muffins

3 In einer großen Schüssel das Ei leicht verquirlen. Zucker, Vanillezucker, Öl, Buttermilch und Rum dazugeben und gut verrühren. Die Mehlmischung zur Eimasse geben und verrühren, bis die trockenen Zutaten feucht sind.

4 Den Teig in das Blech oder die Förmchen füllen. Im Backofen (Mitte) 20-25 Minuten backen. Die Muffins im Backblech 5 Minuten ruhen lassen, dann herauslösen und abkühlen lassen.

5 Den Muffin im oberen Drittel quer abschneiden. Aus dem Deckel eine beliebige Form ausstechen. Den Muffin mit Marmelade dick bestreichen, den Deckel aufsetzen und mit Puderzucker bestreuen. (siehe Seite 25)

1 Den Backofen auf 180° (Umluft 160°) vorheizen. Das Muffins-Backblech einfetten.

2 Mehl mit Haselnüssen, Backpulver und Natron sorgfältig vermischen.

3 In einer großen Schüssel das Ei leicht verquirlen. Zucker, Butter und Buttermilch gut unterrühren. Die Mehlmischung zur Eimasse geben und verrühren, bis die trockenen Zutaten feucht sind.

4 Den Teig in das Backblech füllen. Im Backofen (Mitte) 20-25 Minuten backen. Die Muffins im Backblech 5 Minuten ruhen lassen, dann herauslösen. Die Muffins in einer Schüssel zerbröseln und mit dem Rum mischen.

Zutaten:

100 g Mehl Typ 405
150 g gemahlene Haselnüsse
2 TL Backpulver
1 TL Natron

1 Ei
150 g Zucker
150 g weiche Butter
200 ml Buttermilch

Für die Backform
Fett

Zum Verzieren
50 ml Rum
400 g Marzipan
200 g Puderzucker
100 g Kakao
Goldfaden, Bast, o.ä.

ÜBERRASCHUNGS-Säckchen

Die Muffins-Praline

5 Für die Verzierung Marzipan mit Puderzucker mischen und auswellen. Ca. 9 x 13 cm große Rechtecke ausschneiden. 1 EL von der Muffinsmasse auf jedes Rechteck geben, das Marzipan zusammenlegen und ca. 1cm unter dem Rand zu einem Säckchen falten. Das Säckchen mit Kakao bestreuen und mit einer Schleife verzieren.
(siehe Seite 24)

Anmerkung:
Die Muffinsmasse kann auch zu Pralinen verarbeitet werden. Hierzu Kugeln formen, mit Kakao bestreuen und mit geschälten Mandeln verzieren.

Mandarinen-Muffins

Zutaten:

250 g Mehl Typ 405
1/2 TL Backpulver
1/2 TL Natron
1/2 TL Nelkenpulver
1/2 TL geriebene Muskatnuss

2 Eier
120 g Zucker
100 g weiche Butter
250 ml Buttermilch
Saft von 2 Mandarinen
250 g Mandarinenstückchen

Für die Backform
Fett oder 12 Papierbackförmchen

Zum Verzieren
150 g Mascarpone
2 El Puderzucker
12 Mandarinenscheiben

1 Den Backofen auf 180° (Umluft 160°) vorheizen. Das Muffins-Backblech einfetten oder mit Papierbackförmchen auslegen.

2 Das Mehl mit Backpulver, Natron und Gewürzen sorgfältig vermischen.

3 In einer großen Schüssel die Eier leicht verquirlen. Mit Zucker, Butter, Buttermilch, Mandarinensaft und Mandarinenstückchen gut verrühren. Die Mehlmischung zur Eimasse geben und verrühren, bis die trockenen Zutaten feucht sind.

4 Den Teig in das Backblech oder die Förmchen füllen. Im Backofen (Mitte) 20-25 Minuten backen. Die Muffins im Backblech 5 Minuten ruhen lassen, dann herauslösen und abkühlen lassen.

5 Für die Verzierung Mascarpone mit Puderzucker zu einer glatten Creme schlagen. Die Muffins mit Creme bestreichen und mit Mandarinenscheiben verzieren.

Florentiner-Muffins

Schmecken nach 2-3 Tagen durchgezogen

Zutaten:

250 g Mehl Typ 405
100 g gemahlene Mandeln
3 TL Backpulver
25 g Kakao
1 TL Zimt
100 g Rosinen
1 Messerspitze gemahlene Nelken
1 Messerspitze Kardamon
150 g kleingeschnittenes Zitronat

2 Eier
180 g Honig
100 g Zucker
65 g Butter
2 EL Milch

Für die Backform Fett

Zum Verzieren
250 g Vollmilch-Kuvertüre
12 Florentinerkekse

1 Den Backofen auf 180° (Umluft 160°) vorheizen. Das Muffins-Backblech einfetten.

2 Mehl mit Mandeln, Backpulver, Kakao, Nelken, Zimt, Kardamon, Rosinen und Zitronat sorgfältig vermischen.

3 In einer großen Schüssel die Eier leicht verquirlen. Honig, Zucker, Butter und Milch leicht erwärmen und zu der Eimasse geben. Die Mehlmischung dazugeben und verrühren, bis die trockenen Zutaten feucht sind.

4 Den Teig in das Backblech füllen. Im Backofen (Mitte) 20-25 Minuten backen. Die Muffins im Backblech 5 Minuten ruhen lassen, dann herauslösen und abkühlen lassen.

5 Kuvertüre im Wasserbad erwärmen und die Muffins damit bestreichen. Auf die noch weiche Schokolade die Florentinerkekse setzen.

Kuvertüre in Stücke schneiden

Im Wasserbad auflösen

Den Muffin mit flüssiger Kuvertüre bestreichen

Lübecker Kokos - die fruchtigst

Zutaten:

100 g Mehl Typ 405
170 g Kokosraspel
1 TL Backpulver
1/2 TL Natron
4 Eiweiß
120 g Marzipan-Rohmasse
1 unbehandelte Zitrone
2 EL Rum
100 g Zucker

Für die Backform
Fett

Zum Verzieren
100 g Zartbitter-Kuvertüre

1 Den Backofen auf 180° (Umluft 160°) vorheizen. Das Muffins-Backblech einfetten.

2 Das Mehl mit Kokosraspel, Backpulver und Natron sorgfältig vermischen.

-Muffins

unter den Nüssen

3 Eiweiße steif schlagen. Marzipan-Rohmasse zerkleinern, Zitronenschale abreiben und mit Rum und Zucker unter die Eischneemasse rühren. Die Mehlmischung dazugeben und verrühren, bis die trockenen Zutaten feucht sind.

4 Den Teig in das Backblech füllen. Im Backofen (Mitte) 20-25 Minuten backen. Die Muffins im Backblech 5 Minuten ruhen lassen, dann herauslösen und abkühlen lassen.

5 Die Kuvertüre im Wasserbad erwärmen und die Muffins oben zur Hälfte bestreichen.

Spekulatius-Kaffee

Zutaten:

150 g Mehl Typ 405
100 g Spekulatius
60 g gemahlene Mandeln
1 TL Spekulatiusgewürz
2 TL Backpulver
1/2 TL Natron

2 Eier
120 g brauner Zucker
100 g weiche Butter
150 g Joghurt
80 ml starker Kaffee

Für die Backform
Fett oder 12 Papierbackförmchen

Zum Verzieren
100 g Puderzucker
2 TL Instantkaffeepulver
1 EL Wasser
12 Mini-Spekulatius

1 Den Backofen auf 180° (Umluft 160°) vorheizen. Das Muffins-Backblech einfetten oder mit Papierbackförmchen auslegen.

2 Den Spekulatius zerbröseln, mit Mehl, Mandeln, Gewürz, Backpulver und Natron sorgfältig vermischen.

3 In einer großen Schüssel die Eier leicht verquirlen. Zucker, Butter, Joghurt und Kaffee gut unterrühren. Die Mehlmischung dazugeben und verrühren, bis die trockenen Zutaten feucht sind.

4 Den Teig in das Backblech oder die Förmchen füllen. Im Backofen (Mitte) 20-25 Minuten backen. Die Muffins im Backblech 5 Minuten ruhen lassen, dann herauslösen und abkühlen lassen.

5 Für die Glasur Puderzucker und Kaffeepulver mit Wasser verrühren und mit einem Pinsel auf die Muffins streichen. Mit Mini-Spekulatius verzieren.

- Muffins

Geschmackserlebnis in neuer Variation

Zutaten:

200 g Mehl Typ 405
50 g Speisestärke
2 TL Backpulver
1/2 TL Natron
3 TL Zimt
150 g grob gehackte Walnüsse

1 Ei
150 g weiche Butter
150 g Joghurt
120 g Zucker

Für die Backform
Fett oder Papierbackförmchen

Zum Verzieren
50 g Puderzucker
1 TL Zitronensaft
12 Zimtsterne

Zimt, das orientalisch

Zimtstern-Muffins

1 Den Backofen auf 180° (Umluft 160°) vorheizen. Das Muffins-Backblech einfetten oder mit Papierbackförmchen auslegen.

2 Mehl mit Speisestärke, Backpulver, Natron, Zimt und Walnüssen sorgfältig vermischen.

3 In einer großen Schüssel das Ei leicht verquirlen. Butter, Joghurt und Zucker gut unterrühren. Die Mehlmischung zur Eimasse geben und verrühren, bis die trockenen Zutaten feucht sind.

4 Den Teig in das Blech oder die Papierbackförmchen füllen. Im Backofen (Mitte) 20-25 Minuten backen. Die Muffins etwa 5 Minuten im Backblech ruhen lassen, dann herauslösen und abkühlen lassen.

5 Puderzucker und Zitronensaft vermischen. Die Zimtsterne unten bestreichen und auf die Muffins setzen.

Zutaten:

200 g Mehl Typ 405
50 g gemahlene Haselnüsse
2 TL Backpulver
1/2 TL Natron

1 Ei
80 g Zucker
50 ml Sahne
40 ml Pflanzenöl
100 ml Buttermilch
150 g Nougat

Für die Backform
Fett

Zum Verzieren
200 g Marzipan
200 g Aprikosenmarmelade
100 g Vollmilch-Kuvertüre

Wer kann Dominomuffins au

1 Den Backofen auf 180° (Umluft 160°) vorheizen. Das Muffins-Backblech einfetten.

2 Mehl mit Haselnüssen, Backpulver und Natron sorgfältig vermischen.

3 In einer großen Schüssel das Ei leicht verquirlen. Mit Zucker, Sahne, Öl, Buttermilch und kleingeschnittenem Nougat gut vermischen.

Die Mehlmischung dazugeben und verrühren, bis die trockenen Zutaten feucht sind.

4 Den Teig in das Backblech füllen. Im Backofen (Mitte) 20-25 Minuten backen.
Die Muffins im Backblech 5 Minuten ruhen lassen, dann herauslösen und abkühlen lassen.

5 Die Muffins zweimal quer durchschneiden. Das Marzipan auswellen und 12 Kreise ausstechen.
Das untere Muffinsteil in die Form legen. Die Marmelade darauf verteilen. Das mittlere Muffinsteil einlegen. Die Marzipanscheiben darüberlegen und das obere Muffinsteil aufsetzen. Im Kühlschrank ca. 2 Stunden erkalten lassen. Aus der Form nehmen.
Kuvertüre im Wasserbad erwärmen und die Muffins damit bestreichen.
(siehe S. 25)

DOMINO-*Muffins*

…einmal in den Mund stecken?

Zutaten:

100 g Mehl Typ 405
150 g gehackte
Mandeln
60 g Orangeat
60 g Zitronat
1 TL Zimt
1/2 TL Natron
2 TL Backpulver

1 Ei
100 g Zucker
120 g weiche Butter
125 g Rum-Rosinen
200 g Joghurt

Für die Backform
Fett

Zum Verzieren
80 g Butter
100 g Puderzucker

Im

LANDSTOLLEN-*Muffins*

1 Den Backofen auf 180° (Umluft 160°) vorheizen. Das Muffins-Backblech einfetten.

2 Das Mehl mit Mandeln, Orangeat, Zitronat, Zimt, Natron und Backpulver sorgfältig vermischen.

3 In einer großen Schüssel das Ei leicht verquirlen. Zucker, weiche Butter, Rum-Rosinen und Joghurt gut unterrühren. Die Mehlmischung dazugeben und verrühren, bis die trockenen Zutaten feucht sind.

4 Den Teig in das Backblech füllen. Im Backofen (Mitte) 20-25 Minuten backen.
Die Muffins im Backblech 5 Minuten ruhen lassen, dann herauslösen und abkühlen lassen.

5 Für die Glasur die Butter erwärmen und mit einem Pinsel dick auf die Muffins streichen. Puderzucker darüber streuen.

VERZIERUNGS

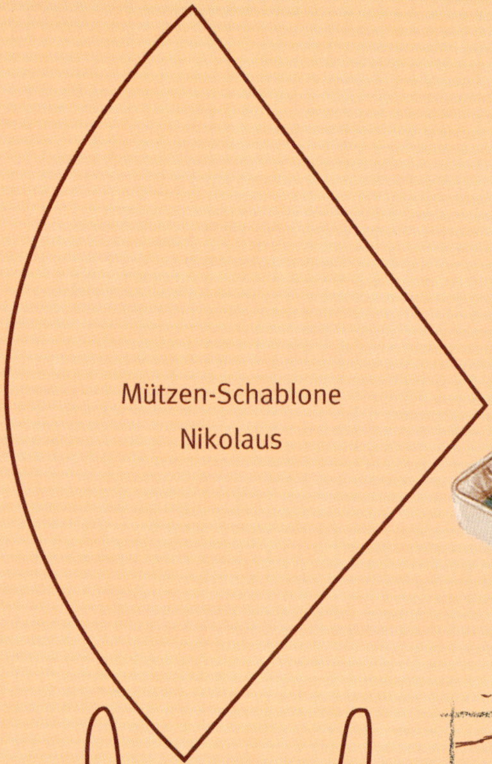

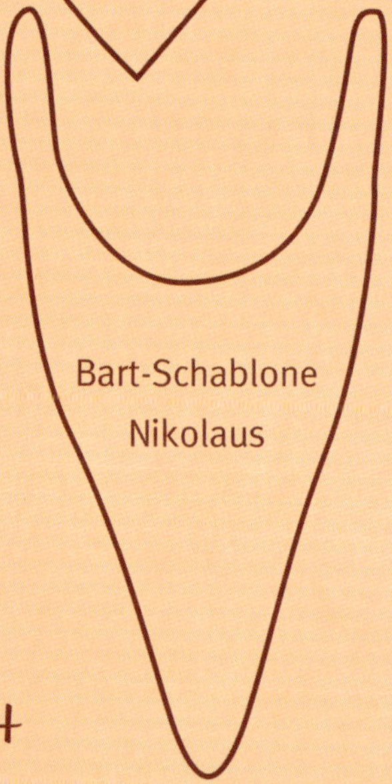

Nikolaus-Muffins

(Seite 39)

Mit einem Zahnstocher die Praline befestigen.

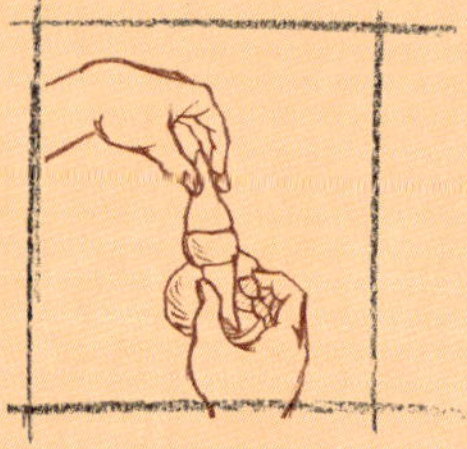

Den Nikolaus mit Mütze und Bart nach nebenstehen der Schablone verzieren.

Überraschung Säckchen

(Seite 9)

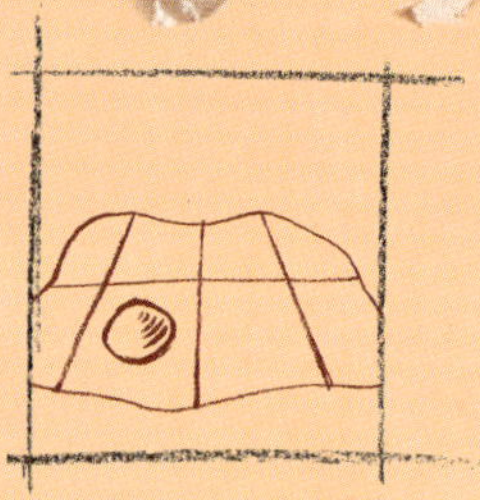

Den Teig portionsweise auf das ausgewellte Marzipan geben.

Die Hälften des Marzipans nach oben klappen.

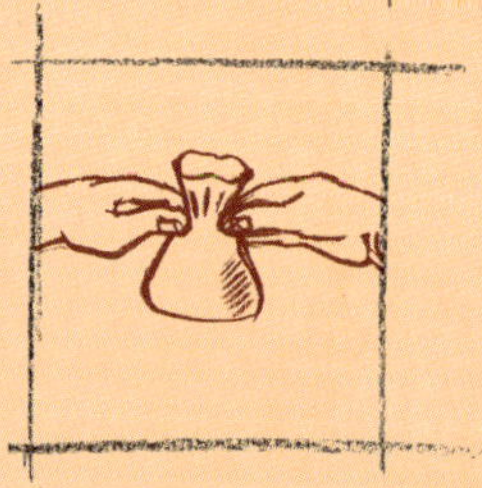

Das Ganze zu einem Säckchen formen.

-SCHRITTE

Domino-Muffins

(Seite 20)

Den Muffin zweimal quer durchschneiden.

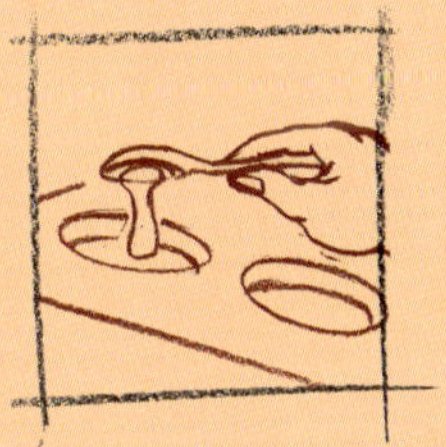

Den Boden in die Form geben und mit Marmelade befüllen. Das mittlere Teil aufsetzen.

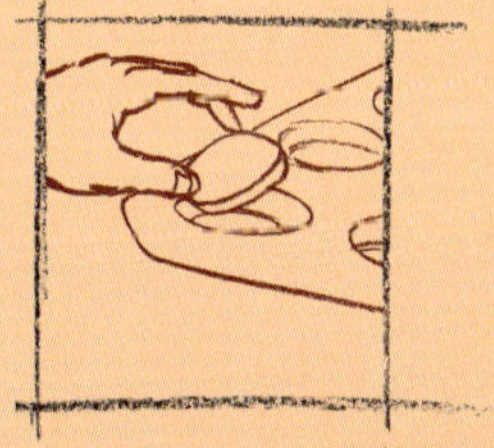

Das ausgestochene Marzipan aufsetzen und mit dem Deckel abschließen.

Ausstecher-Muffins

(Seite 7)

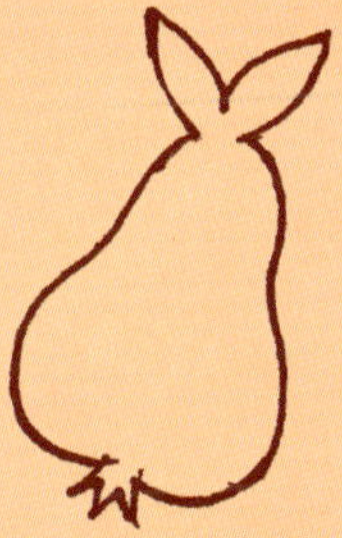

Birnen-Schablone

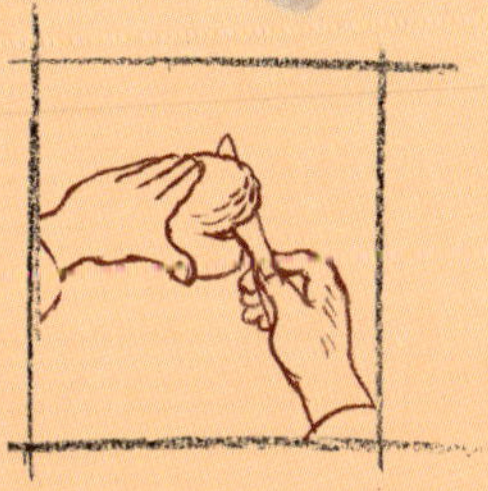

Den Deckel des Muffins im oberen Drittel abschneiden.

Den Muffinsdeckel mit einem Förmchen vorsichtig ausstechen.

APFEL-Muffins

Zutaten:

200 g Mehl Typ 405
60 g gehackte Mandeln
1/2 TL Zimt
1/2 TL Backpulver
1/2 TL Natron

1 Ei
80 g Zucker
60 ml Pflanzenöl
100 ml Sahne
150 ml Buttermilch
300 g geriebene Äpfel

Für die Backform
Fett oder 12 Papierbackförmchen

Zum Verzieren
200 g Mascarpone
50 g Puderzucker
12 Mini-Äpfel
12 ganze Mandeln

1 Den Backofen auf 180° (Umluft 160°) vorheizen. Das Muffins-Backblech einfetten oder mit Papierbackförmchen auslegen.

2 Mehl mit Mandeln, Zimt, Backpulver und Natron sorgfältig vermischen.

3 In einer großen Schüssel das Ei leicht verquirlen. Zucker, Öl, Sahne, Buttermilch und geriebene Äpfel dazugeben und gut verrühren. Die Mehlmischung zur Eimasse geben und verrühren, bis auch die trockenen Zutaten feucht sind.

4 Den Teig in das Backblech oder die Förmchen füllen. Im Backofen (Mitte) 20-25 Minuten backen. Die Muffins im Backblech 5 Minuten ruhen lassen, dann herauslösen und abkühlen lassen.

5 Für die Verzierung Mascarpone mit Puderzucker verrühren und auf die Muffins spritzen. Mini-Äpfel und Mandeln daraufsetzen.

Dass Brot so gut sein kann...

Apfelbrot-Muffins

Zutaten:

250 g Mehl Typ 405
100 g ganz grob gehackte Haselnüsse
1 EL Kakao
2 EL Lebkuchengewürz oder Nelken und Zimt
2 TL Backpulver

400 g in Scheiben geschnittene Äpfel
100 g Zucker
100 g Rosinen
3 EL Kirschgeist
100 ml Buttermilch

Für die Backform
Fett

Zum Verzieren
100 g Puderzucker
1 TL Kirschgeist
12 getrocknete Apfelringe
12 Sternanis

1 Den Backofen auf 180° (Umluft 160°) vorheizen. Das Muffins-Backblech einfetten.

2 Mehl mit Nüssen, Kakao, Gewürz und Backpulver sorgfältig vermischen.

3 Die Apfelscheiben mit Zucker bestreuen und über Nacht stehen lassen. Rosinen, Kirschgeist und Buttermilch zu den Äpfeln geben und gut verrühren. Die Mehlmischung dazugeben und verrühren, bis auch die trockenen Zutaten feucht sind.

4 Den Teig in das Backblech füllen. Im Backofen (Mitte) 20-25 Minuten backen. Die Muffins im Backblech 5 Minuten ruhen lassen, dann herauslösen und abkühlen lassen.

5 Puderzucker mit Kirschgeist verrühren und die Muffins damit bestreichen. Mit den Apfelringen verzieren und jeweils ein Stern-anis in die Mitte legen.

Anmerkung: Schmeckt hervorragend in Scheiben geschnitten mit Butter.

Zutaten:

200 g Schokoladen-Lebkuchen
60 g Orangeat
60 g Zitronat
125 g Mehl Typ 405
60 g gehackte Mandeln
1 TL Zimt
1 Prise gemahlenen Kardamon

2 TL Backpulver
1/2 TL Natron

1 Ei
50 g flüssiger Honig
60 ml Pflanzenöl
150 g saure Sahne
80 ml Milch
70 g Zucker

Für die Backform
Fett oder 12 Papierbackförmchen

Zum Verzieren
100g weiche Butter
25 g Honig
1 TL Zimt
100 g geschälte Mandeln
50 g kandierte Früchte

1 Den Backofen auf 180° (Umluft 160°) vorheizen. Das Muffins-Backblech einfetten oder mit Papierbackförmchen auslegen.

2 Schokoladen-Lebkuchen, Orangeat und Zitronat klein schneiden und mit Mehl, Mandeln, Gewürzen, Backpulver und Natron sorgfältig vermischen.

3 In einer großen Schüssel das Ei leicht verquirlen. Honig, Öl, saure Sahne, Milch und Zucker gut unterrühren. Die Mehlmischung dazugeben und verrühren, bis die trockenen Zutaten feucht sind.

4 Den Teig in das Backblech oder die Förmchen füllen. Im Backofen (Mitte) 20-25 Minuten backen. Die Muffins im Backblech 5 Minuten ruhen lassen, dann herauslösen und abkühlen lassen.

5 Für die Verzierung Butter mit Honig und Zimt erwärmen und mit einem Pinsel dick auf die Muffins streichen. Geschälte Mandeln sternförmig auf die Muffins legen und in die Mitte eine kandierte Frucht setzen.

Nürnberger-Muffins

Zutaten:

200 g Mehl Typ 405
100 g gemahlene Mandeln
2 TL Backpulver
1 Prise Salz

2 Eier
150 g Zucker
100 g weiche Butter
Saft und Schale von 1 Orange
Saft und Schale von 1 Zitrone

Für die Backform
Fett oder 12
Papierbackförmchen

Zum Verzieren
150 ml Orangensaft
2 EL Orangenlikör

100 ml Sahne
12 Orangenstückchen

ORANGEN

Geträ

1 Den Backofen auf 180° (Umluft 160°) vorheizen. Das Muffins-Backblech einfetten oder mit Papierbackförmchen auslegen.

2 Mehl mit Mandeln, Backpulver und Salz sorgfältig vermischen.

-Muffins

t mit puren Vitaminen

Mit Schaschlik-
spieß Löcher stechen

Mit Orangensaft und
Likör tränken

3 In einer großen Schüssel die Eier leicht verquirlen. Zucker, Butter, Saft und Schale der Orange und der Zitrone gut unterrühren. Die Mehlmischung zur Eimasse geben und verrühren, bis die trockenen Zutaten feucht sind.

4 Den Teig in das Backblech oder die Förmchen füllen. Im Backofen (Mitte) 20-25 Minuten backen. Die Muffins im Backblech 5 Minuten ruhen lassen, dann herauslösen und leicht abkühlen lassen.

5 Die noch warmen Muffins mit Orangensaft und Likör tränken. Sahne steif schlagen und mit der Spritztülle auf die Muffins spritzen. Mit Orangenstückchen verzieren.

Zutaten:

100 g Mehl Typ 405
100 g feine Haferflocken
50 g gehackte Mandeln
1/2 TL gemahlener Anis
100 g Schokoladenraspel
2 TL Backpulver
1/2 TL Natron

1 Ei
100 g Zucker
100 g zerlassene Butter
150 g saure Sahne
200 g weiche Birnen

Für die Backform
Fett oder 12
Papierbackförmchen

Zum Verzieren
200 g Frischkäse
80 g Puderzucker
40 g Kakao
100 g ganze Pistazienkerne

1 Den Backofen auf 180° (Umluft 160°) vorheizen. Das Muffins-Backblech einfetten oder mit Papierbackförmchen auslegen.

2 Mehl mit Haferflocken, Mandeln, Anis, Schokoladenraspel, Backpulver und Natron sorgfältig vermischen.

3 In einer großen Schüssel das Ei leicht verquirlen. Zucker, Butter, saure Sahne und kleingeschnittene Birnen unterrühren. Die Mehlmischung dazugeben und verrühren, bis die trockenen Zutaten feucht sind.

4 Den Teig in das Backblech oder die Förmchen füllen. Im Backofen (Mitte) 20-25 Minuten backen. Die Muffins im Backblech 5 Minuten ruhen lassen, dann herauslösen und abkühlen lassen.

5 Den Frischkäse mit dem Puderzucker glattrühren und die Muffins damit bestreichen. Eine Birnenschablone (siehe Seite 24) ausschneiden und auf die Mitte der Muffins legen. Kakao darüber streuen, Schablone abziehen und aus Pistazien „Blätter“ und „Blüte“ ansetzen.

BIRNEN-SCHOKO-*Muffins*

Das Dessert für die Winterzeit

DATTEL-Muffins

Orientalischer Geschmac

Zutaten:

250 g Mehl Typ 405
80 g gehackte
Walnusskerne
1/2 TL Zimt
1/2 TL gemahlener Ingwer
1 TL Backpulver
1/2 TL Natron

1 Ei
120 g zerlassene Butter
100 g Honig
150 ml Buttermilch
1 Päckchen Vanillezucker
1 EL Rum
50 g getrocknete Aprikosen
80 g getrocknete Datteln

Für die Backform
Fett oder 12
Papierbackförmchen

Zum Verzieren
12 Datteln
50 g Marzipan
100 g Zartbitter-Kuvertüre

unübertroffen!

1 Den Backofen auf 180° (Umluft 160°) vorheizen. Das Muffins-Backblech einfetten oder mit Papierbackförmchen auslegen.

2 Mehl mit Walnusskerne, Gewürze, Backpulver und Natron sorgfältig vermischen.

3 In einer großen Schüssel das Ei leicht verquirlen. Butter, Honig, Buttermilch, Vanillezucker, Rum und kleingeschnittene Trockenfrüchte beifügen und gut vermischen. Die Mehlmischung dazugeben und verrühren, bis die trockenen Zutaten feucht sind.

4 Den Teig in das Backblech oder die Förmchen füllen. Im Backofen (Mitte) 20-25 Minuten backen. Die Muffins im Backblech 5 Minuten ruhen lassen, dann herauslösen und abkühlen lassen.

5 Datteln aufschneiden, Kern entfernen und mit Marzipan füllen. Kuvertüre im Wasserbad erwärmen. Datteln mit dem hinteren Drittel in die Kuvertüre tauchen und auf die Muffins setzen.

Nikolaus-Muffins

Lassen nicht nur Kinderaugen staunen

Zutaten:

350 g Mehl Typ 405
2 EL Kakao
2 TL Backpulver
100 g gehackte Mandeln
2 TL Zimt
1 Messerspitze gemahlene Nelken
1 Messerspitze Kardamon

2 Eier
230 g Honig
160 g Butter
1 Päckchen Vanillezucker
2 EL Aprikosenkonfitüre
3 Tropfen Bittermandelöl
1 Fläschchen Rum-Aroma
150 g Rosinen

Für die Backform
Fett

Zum Verzieren
200 g Marzipan
100 g Puderzucker
12 Roche-Kugeln oder Halbkugeln (z.B. Fioretto)
rote Lebensmittelfarbe
12 Zahnstocher
Vollmilch-Kuvertüre

1 Den Backofen auf 180° (Umluft 160°) vorheizen. Das Muffins-Backblech einfetten.

2 Mehl mit Kakao, Backpulver, Mandeln und Gewürzen sorgfältig vermischen.

3 In einer großen Schüssel die Eier leicht verquirlen. Honig, Butter und Vanillezucker langsam erwärmen. Diese Masse mit Aprikosenkonfitüre, Bittermandelöl, Rum-Aroma und Rosinen zu den Eiern geben und verrühren. Die Mehlmischung zur Eimasse geben und vermischen, bis auch die trockenen Zutaten feucht sind.

4 Den Teig in das Backblech füllen. Im Backofen (Mitte) 20-25 Minuten backen.
Die Muffins etwa 5 Minuten im Backblech ruhen lassen, dann herauslösen und abkühlen lassen.

5 Marzipanrohmasse mit Puderzucker vermengen und auf Puderzucker auswellen. Die Roche-Kugel oder Fioretto-Halbkugel mit einem Zahnstocher als Kopf an dem Muffin befestigen. Aus der Marzipanlage Mütze und Bart ausschneiden. Mütze formen. Zuerst Bart, dann Mütze am Kopf ansetzen (soll sie stehen, vorher Zahnstocher einstecken). 2 Mandelhälften mit Marzipan ansetzen. Aus Marzipan 2 Augen und Nase formen und ansetzen. Die Mütze mit roter Lebensmittelfarbe dünn bestreichen. Die Augen mit einem Tupfen flüssiger Vollmilch-Kuvertüre fertig stellen. (siehe Seite 24)

STERN-Muffins

Die Frucht, die an die Geschichte von Bethlehem erinnert

Zutaten:

200 g Mehl Typ 405
100 g gemahlene Mandeln
1/2 TL Zimt
1 TL Backpulver
1 TL Natron

1 Ei
100 g Zucker oder flüssiger Honig
60 ml Pflanzenöl
250 ml Buttermilch
2 EL Rum
1 kleine Sternfrucht

Für die Backform
Fett oder 12 Papierbackförmchen

Zum Verzieren
250 g Frischkäse
50 g Puderzucker
1/2 TL Zimt
2 TL Zitronensaft
12 Sternfruchtscheiben

1 Den Backofen auf 180° (Umluft 160°) vorheizen. Das Muffins-Backblech einfetten oder mit Papierbackförmchen auslegen.

2 Mehl mit Mandeln, Zimt, Backpulver und Natron sorgfältig vermischen.

3 In einer großen Schüssel das Ei leicht verquirlen. Zucker, Öl, Buttermilch, Rum und die gewaschene und kleingeschnittene Sternfrucht gut unterrühren. Die Mehlmischung zur Eimasse geben und verrühren, bis die trockenen Zutaten feucht sind.

4 Den Teig in das Backblech oder die Förmchen füllen. Im Backofen (Mitte) 20-25 Minuten backen. Die Muffins im Backblech 5 Minuten ruhen lassen, dann herauslösen und abkühlen lassen.

5 Für die Glasur Frischkäse mit gesiebtem Puderzucker, Zimt und Zitronensaft glatt verrühren, auf die Muffins spritzen. Mit den Sternfruchtscheiben verzieren.

Die Sternfrucht in 12 Scheiben schneiden

Den Frischkäse aufspritzen

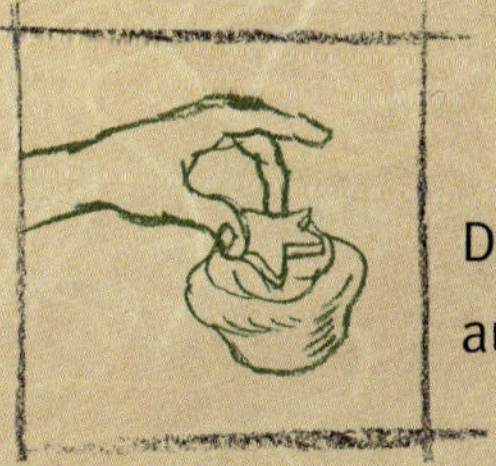

Die Sternfrucht auflegen

Feigen

Zutaten:

250 g Mehl Typ 405
1/2 TL Zimt
1/2 TL Natron
2 TL Backpulver

1 Ei
100 g Zucker
60 ml Pflanzenöl
230 g Naturjoghurt
100 g kleingeschnittene
Feigen
12 Feigen

Für die Backform
Fett oder 12
Papierbackförmchen

Für Feigenliebhaber mit frischen Feigen serviere

Muffins

1 Den Backofen auf 180° (Umluft 160°) vorheizen. Das Muffins-Backblech einfetten oder mit Papierbackförmchen auslegen.

2 Mehl mit Zimt, Natron und Backpulver sorgfältig vermischen.

3 In einer großen Schüssel das Ei leicht verquirlen. Zucker, Öl, Joghurt und kleingeschnittene Feigen gut unterrühren. Die Mehlmischung dazugeben und verrühren, bis die trockenen Zutaten feucht sind.

4 Den Teig und die Feigen wie unten beschrieben in das Backblech oder die Förmchen füllen. Im Backofen (Mitte) 20-25 Minuten backen. Die Muffins im Backblech 5 Minuten ruhen lassen, dann herauslösen und abkühlen lassen.

In jede Vertiefung 1 Esslöffel Teig einfüllen

Je 1 Feige einlegen

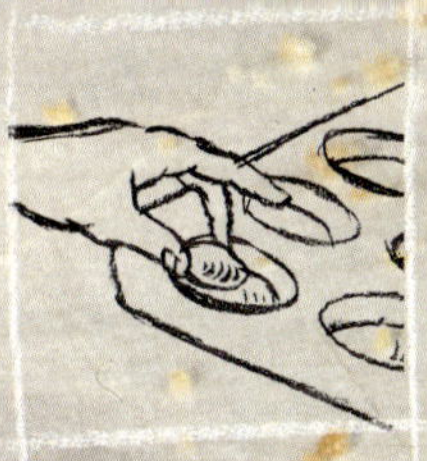

Den restlichen Teig auf die Feigen füllen

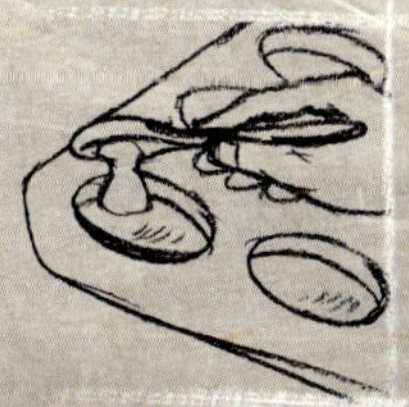

ADVENTS

Vaters Liebling auf dem Gebäckteller

Zutaten:

250 g Kokosfett
2 Eier
130 g Puderzucker
1 Päckchen
Vanillezucker
50 g gesiebter Kakao
300 g runde Kekse
(4 Kekse pro Muffin)

Für die Backform
Fett

-Muffins

1 Das Muffins-Backblech einfetten.

2 Kokosfett im Kochtopf zerlassen. In einer großen Rührschüssel die Eier mit Kokosfett, Puderzucker, Vanillezucker und Kakao verrühren. Die Masse stehen lassen bis sie beginnt, fest zu werden.

3 In die Blechvertiefungen Kekse verteilen. Von der Masse je 1 schwach gehäuften Esslöffel auf die Kekse geben. Abwechselnd Kekse und Masse schichten, mit einem Keks abschließen. Im Kühlschrank 3 Stunden fest werden lassen.

4 Die erkalteten Muffins mit einem Messer von der Form lösen. Das Backblech auf eine Platte stürzen. Auf die gestürzte Form ein heißes, feuchtes Tuch legen, damit sich die Muffins besser aus der Form lösen.

INHALT